#GEHÖRTEGE-
DANKEN

EINERLIEBES-
SEELE

R#h#eto#risch ge-
lebte Liebe

...for my beloved husband, Reto forever...

Hadessa Morgenstern

#GEDANKENEINER

GELEBTENLIEBESSEELE

R#heto#risch gelebte Liebe

Bibliografische Information der Deutschen Nationalbibliothek:
Die Deutsche Nationalbibliothek verzeichnet diese Publikation
in der Deutschen Nationalbibliografie; detaillierte bibliografische
Daten sind im Internet über dnb.dnb.de abrufbar.

Herstellung und Verlag: BoD – Books on Demand, Norderstedt

ISBN 978-3-7481-3759-7

Ich frage dich, wie lange wir
uns schon kennen.
Du antwortest, bis dass der
Tod uns scheidet.

So habe ich dich kennen und
lieben gelernt,
und es dauert schon ein gan-
zes Liebesleben an.

Wenn ich im Bad nackt her-
umlaufe,
rieche ich dich an mir.

Deine Männlichkeit
bedeckt immer noch meinen
Körper.

Dein innerstes Geheimnisse,
du liebst Sexualität sehr.

Ich wäre eine sehr sexuelle
Frau.
Will eine Frau sexuell sein?

Leidenschaft und Hingebung
zieren unser Schlafzimmer.
Unsere Körper vereinen jede
Nacht.

Haben wir uns darin verloren?
Kann man sich in liebender
sexueller Vereinigung verlie-
ren?

Niemals!
Unsere Zimmer rollen am Tag
noch das Lied von der Lie-
besnacht aus.

Ich rieche dich,
spürst du es?

Ich liebe dich,
riechst du es?

Meine Gedanken gehören dir,
schwanken deine auch über
die Grenze zu mir?

Geglaubte Trennungen waren
noch nie real,
weder in Gedanken, noch in
Werken.

Nur in Worten.
Für ein paar Silben lang.

Bis dass der Tod uns scheidet
oder du mich nicht mehr
magst.

Ich liebe dich,
und vor allem wie du dich in
mir zur vollen Entfaltung
bringst.

Heilige und Hure.
Beides.

Für dich,
das relativiert.

Besonders den prostituierten
Teil.
Es ist die pure Leidenschaft.

Definiere die Liebe
welche unser Zusammensein
zelebriert.

Zärtlichkeit,
das ist Mann.

Mein Mann.
Deine Frau.

Oxytocin, ein Kleber.
Unser Kuschelhormon klebt in
der Luft.

Es wirkt immer so lange,
bis unsere Körper wieder ver-
schmelzen.

Dahinschmelzen und erregie-
ren.
Tausende Erektionen.

Millionenfache Höhepunkte,
welche du mir bescherst,

im Bett,
im Leben,

im Herzen,
in einer gel(i)ebten Seele,

in mir,
in dir,

in uns,
in wir.

Was macht das Leben aus?
Was die Liebe?

Ich lebe.
Liebe ich dann?

Deine Nähe macht mich lebendig,
deine Liebe macht mich richtig lebendig!

Sie bringt mich zum Leben.
Liebesleben.

Ein Leben zu zweit
ist Zweisamkeit,

durch die Vereinigung jede
Nacht,
erlebe ich ein Eins mit dir.

Eine Einheit
in Vollendung

jede Nacht
nächtelang.

Kann einer Seele mehr an
Lebendigkeit passieren,
als jede Nanosekunde geliebt
zu werden?

Vor allem in der Nacht,
beim Mondschein,

beim kleinen Licht am Himmel
und beim Großen?

Tagelang umarmen sich unsere Seelen,
Seelenarbeit.

Die schönste Arbeit,
der beste Lohn.

Nie wieder arbeitslos.
Kein kranksein.

Ein *du* hält gesund,
Körper Geist und Seele zusammen.

Braucht es mehr?
Nein, ich bin versorgt,

abgesichert, bis dass der Tod uns scheidet
oder du mich nicht mehr magst.

Angst vor Versagen, Verletzungen?
Die Liebe erduldet alles.

Sie deckt zu, wie deine Lippen meine bedecken,
wenn du mich umschlungen küsst.

Das Atmen der Seele hörend,
wenn du in mich dringst.

Meine Seele verlässt sterneschnuppernd die Atmosphäre und kehrt mit jedem Orgasmus gestärkt wieder.

Hörst du sie?
Ich spüre sie?

In meiner vaginalen Herzgegend
sind deine Orgasmen zu sehen.

Jeder einzelne hohe Punkt
hinterlässt rote offene Rosen.

Der Duft ist ohrenbetäubend
und zugleich atemberaubend.

Mein Körper lässt deinen Duft
nicht mehr los.
Hier versagen jegliche Parfumnoten.

Du bist in mir
und bleibst in mir.

Ich kann nichts dagegen tun.
Ich will nichts dagegen unter-
nehmen.

Brauche ich dich?
nein, ich begehre dich.

Keinerlei Abhängigkeit
aber Geliebtheit!

Geilheit?
Anfangs!

Ganzheitliche Liebe,
welche dauert….

Überdauert,
ein Leben dauert.

Ein Lieben lang,
ein Leben zu kurz.

Liebeslang.
Lebenslang.

Wie ist das möglich?
wie wurde das möglich?

Unmögliches wird möglich,
und niemals umgekehrt!

Offene Türen hattest du nie.
Du hast keine Türe aufgebro-
chen.

Seelentüren lassen sich nicht
einreissen und -treten,
sie öffnen sich von selbst,
wenn sie ge(ö)(l)ieb(t) wer-
den.

Du hast neue Fenster in meiner Seele geöffnet,
welche alles heller und freundlicher im Innenraum zulassen.

Liebesduft durchflutet seither meine Seelenräume.
Ich werde diese Fenster nie mehr schließen!

Ich habe es zugelassen!
Du hast es zur Perfektion getrieben!

Die Leidenschaft.
Die Liebe.

Unendlichkeit.
Kraftvolle Zuversicht.

Sternenhimmel ohne Gewitter.
Keine Wolken nur Sonne.

Wann regnet es wieder?
Niemals, sagst du.

Tränen gibt es nur im Silbenbereich,
Silberteppich.

Gold Platin, Merkurius.
Alles bringst du mir in meine gewaltfreien Zonen.

Mein ganzer Körper scheint eine einzige erogene Zone in deinen Händen zu sein.
Wir verlieren uns, unsere Körper verlieren die eigenen Begrenzungen.

Verschlungen in sich selbst.
Aufopfernd für dich, für mich,
für uns, eine Einheit.

Bilderbuchepos.
Bilderbuchsexualität.

Märchenhaft und sagenhaft,
deine Liebkostungen.

Die Nacht wird zum Tag,
nur wir schlafen,

miteinander,
ineinander.

Du lässt mich nicht los,
ich halte dich.

Haltende Momentaufnahmen
werden zum Schlaf.

Schlafesliebe.
Liebe im Schlaf.

Wer bist du?
Mein Liebender!

Mein Geliebter!
Deine Geliebte!

Zweifelsohne,
ein Paar.

Ein Gedicht.
Ein Leben.

Ein Liebesleben,
eine Einzigartigkeit.

Deine große Liebe!
Warmherzig wohlige Zärtlich-
heit!

Dankende Hingabe.
Nehmende Dankbarkeit.

L(i)ebensfreundlichkeit in al-
len Gliedern,
Steifheit nur im einen Glied.

Himmelfreier Wolkenzugang
in warmem Busen.

Nabelfreie Zone.
Zonenloses Ineinandergrei-
fen.

Herzenswärme wie Sonne im
Winter.
Frühlingswalzer in mir.

Kniendes gewaltloses Anein-
anderprestige,
stöhnender Hauch.

Verschlungene Verschlingt-
heit,
liebendes Leben.

Du machst es möglich.
Ein *du* im Leben zur Liebe
ermöglicht.

Kleopatra an Giovanni,
Gian an Kleo.

Sie liebten sich,
sie lieben sich immer noch.

Eine legendäre Liebesge-
schichte,
in uns Wirklichkeit.

Erblüht zum Leben.
Eine unverwüstliche Lebens-
liebe.

In jedem Atemzug
in dir zu erfahren.

In jedem Stoß von dir
lebe ich auf.

Das ist Liebe,
Liebe ist das!

Wenn du bedingungslos
mich in die Nacht liebst.

Deine Umarmungen nicht
aufhören wollen
zu können um zu überleben,
sich nieder zu legen,

an meine Seite, auf mich, un-
ter mich, in mich
über meinem Ich.

Ein Vulkan,
dein Kraftausbruch,

wenn Mann es gerade in sich
spürt.
R(h)eto(risch) gewaltig,

unser Bett, unser Sofa
nicht mehr am selben Ort sich
findet.

Nur unsere Herzen
bleiben wo sie sind.

Wusstest du, wie sich unsere
Liebe ins Aussenleben inte-
griert?
Dass meine Klienten und dei-
ne Patienten davon profitie-
ren?

Von den gewaltig aufgelade-
nen Batterien,
an denen sie sich bedienen.

Ein Kernkraftwerk der posi-
tivsten Art und Möglichkeit,
das Umfeld zu verstrahlen.

Unsere Nachbarn
auch verstrahlt.

Sie sehen uns schon nicht
mehr auf den Strassen.
Sind es die Strahlen und das
hinausatmende Stöhnen?

Frühling, Sommer, Herbst und
Winter,
dieselbe Melodie.

Jeder kleine aber auch große
Orgasmus
explodiert zu den geschlos-
senen Fenstern hinaus,

steigt empor und steigt hinab,
bis zur endgültigen Erschöp-
fung oder Ertappung.

Lebendiges Lieben,
sexuelles Verlangen.

Wir ernähren uns.
Gegenseitig.

Bis zum Verhungern,
das dauert.

Vorräte sind angelegt,
sie wollen aufgebraucht wer-
den.

Wir leben sparsam,
aber nur auf dem Markt.

Eigene Liebesvorräte werden
verschleudert,
zum Nehmenspreis dankend
angenommen.

Was kostet die Liebe?
Ein Leben.

Ein Seelenleben inklusive,
exklusive Steuern.

Alles andere, unbrauchbar,
für die Liebe.

Du hast es gewusst,
ich habe es bei dir gelernt.

Müssen alle Wege gerade verlaufen?
Dürfen diese auch Kurven haben?

Es macht sie liebenswert lebenswert.

Bis dass der Tod uns scheidet.
Der Heide und die Heilige.

Im Himmel öffnet der Held ihr Tor und Tür.

Der Liebe wegen,
welche sie auf Erden jede Nacht geliebt haben.

The end